1 芸をみがく・演じる

巻頭インタビュー **野村萬斎**さん

歌舞伎（ぴんとこな）/ **能**（夢幻花伝）/ **狂言**（しなやかに傷ついて）/ **和太鼓**（和太鼓†ガールズ）/ **三味線**（ましろのおと）/ **和楽器**（なでしこドレミソラ）/ **雅楽**（王の庭）/ **人形浄瑠璃**（火色の文楽）/ **芸妓・舞妓**（紅匂ふ）/ **獅子舞**（ししまいガール）/ **宝塚**（すみれの花咲くガールズ）/ **アイドル**（Cue）

名作マンガ100でわかる！
ここがスゴイよ！ニッポンの文化大図鑑
全5巻内容

2 競う・きたえる

巻頭インタビュー **井上康生**さん

相撲（ああ播磨灘）/ **柔道**（帯をギュッとね！）/ **剣道**（しっぷうどとう）/ **空手**（ハンザスカイ）/ **弓道**（ひらひらひゅ〜ん）/ **少林寺拳法**（オッス！少林寺）/ **なぎなた**（あさひなぐ）/ **侍・武士**（バガボンド）/ **忍者**（闇月夜行）/ **将棋**（ナイトぼっち）/ **囲碁**（天地明察）/ **競技かるた**（ちはやふる）

3 学ぶ・たしなむ

巻頭インタビュー **紫舟**さん

茶道（ケッコーなお手前です。）/ **書道**（とめはねっ！鈴里高校書道部）/ **華道**（ギャル華道）/ **和服**（きものがたり）/ **和歌**（超訳百人一首 うた恋い。）/ **源氏物語**（あさきゆめみし）/ **俳句**（あかぼし俳句帖）/ **和算**（和算に恋した少女）/ **日本神話**（ヤマトタケル）/ **神社**（神主さんの日常）/ **仏師**（恋する仏像）/ **寺院**（住職系女子）

JN147624

名作マンガ100でわかる！
ここがスゴイよ！ニッポンの文化大図鑑

5巻 食べる・くらす

ニッポンの文化大図鑑編集委員会・編

日本図書センター

この本の見方

この本では、マンガの登場人物を取り上げ、ストーリーとともにその人物が取り組む日本文化を紹介します。
各文化の基本知識や、ルーツ・歴史をイラストや写真を使って説明しています。
世界のほかの文化との比較など、よりくわしい情報のページもあるので、
日本文化の魅力を好きなところから楽しくつかんでみましょう。

作品紹介
マンガの作品名と内容を紹介しています。

なんでもデータ
テーマに関する「？」と思うような数字を紹介しています。

どんな文化？
その文化の基本情報をわかりやすく説明しています。

必須アイテム
その文化に必要不可欠なアイテムなどを紹介しています。

ルーツ・歴史ほか
その文化の歴史や由来を示す写真・図版などを紹介しています。

世界から見てみよう
世界の文化と共通する点やちがう点などを紹介しています。

ココが名場面
マンガのストーリーのなかで、その文化のおもしろさがわかるページを紹介しています。

もっと知りたい！
その文化が、現代の私たちのくらしに、どのように根づいているか説明しています。

日本の地域コラム
その文化に特別にかかわっている地域を紹介しています。

世界の地域コラム
その文化が広がっていった国や地域を紹介しています。

関連マンガコラム
その文化に関連するマンガの紹介です。

ニッポン文化で輝く！達人からのメッセージ

- 料理人　笠原将弘さん ……………………………… 04

- 和食（『蒼太の包丁』） ……………………………… 06
- 寿司（『将太の寿司2 World Stage』） …………… 10
- ラーメン（『らーめん才遊記』） …………………… 14
- そば（『そばもん ニッポン蕎麦行脚』） …………… 18
- 日本茶（『茶柱倶楽部』） …………………………… 22
- 日本酒（『蔵人』） …………………………………… 26
- 和菓子（『あんどーなつ 江戸和菓子職人物語』）… 28
- 宮大工（『かみのすまうところ。』） ………………… 32
- 日本家屋（『さんかく屋根街アパート』）…………… 36
- 日本庭園（『君の庭。』） ……………………………… 38
- 陶芸（『ハルカの陶』） ……………………………… 40
- 日本刀（『カナヤゴ』） ……………………………… 44

- 総さくいん …………………………………………… 46

関連マンガコラム

- 関東の味と関西の味（『じゅんさいもん』）………… 09
- 江戸前寿司の伝統芸（『江戸前鮨職人きららの仕事』）… 13
- ラーメンの評論家（『ラーメン食いてぇ！』）……… 17
- 江戸のかつぎ屋台そば（『そば屋 幻庵』）…………… 21
- 日本茶インストラクター（『茶の涙 -Larmes de thé-』）… 25
- 日本独自の和菓子の材料（『わさんぼん』）………… 31
- 日本独特の建築様式（『数寄です！』）……………… 35
- 骨董品としての陶芸（『雨柳堂夢咄』）……………… 43

ニッポン文化で輝く！

達人からのメッセージ

料理人 笠原将弘さん

和食は感謝や優しさに満ちあふれている！

料理人としてうでをふるうだけでなく、食育イベントや講演など、和食を通じたさまざまな活動をなさっている笠原さんに、和食のすばらしさをお聞きしました。

Q 和食は無形文化遺産に登録され注目を集めています。和食のどんなところが世界にほこれると思いますか？

A 和食は、食べる人への「優しさ」と、自然の恵みやつくってくれた人への「感謝の気持ち」に満ちあふれているところが、すばらしいと思っています。

たとえば、和食は器や盛りつけにも意味があります。皿に盛るお刺身などの数は、縁起がいいとされる奇数にします。これは食べる人を思いやる心づかいです。小骨の多い魚は食べやすいように骨を切っておくこと、焼いた肉は箸でも食べやすい大きさに切って出すこと、わさびを置く位置も、取りやすい場所に置くことなど、食べる人への心配りや優しさが和食にはたくさんあります。

食べるときも、温かいものは温かいうちに、冷たいものは冷たいままに食べることが大事だといわれますが、それはつくってくれた人への感謝の気持ちを表すものです。

「いただきます」や「ごちそうさま」といったあいさつも、自然の恵みと、料理した人への感謝を表す大切な言葉です。

味わいや食材といった面だけでなく、日本の文化や、日本人としての教養に結びついているところが、和食のよさだと思います。

Q 家庭で和食を食べる回数が減っているそうです。和食の味わい方、楽しみ方を教えてください。

A 若い人たちが和食からはなれてしまっている現状を、なんとかしたいと思っています。それで今、特に子どもたちに和食のよさを広めたいと思い、「和食給食応援団」というプロジェクトで各地の小学校に出かけ、献立づくりのサポートや食育授業などの活動を行っています。

素材本来の味を生かしてうす味に調理された和食には、うま味がつまっています。うす味だと、一口目はもの足りなく感じるかもしれません。でもよく味わって、すべてを食べ終わったときに、「おいしかったー」となる感じを楽しんでみてください。

Q 最近、食を題材にしたマンガが多く出ていますが、料理の世界への影響を感じることがありますか？

A マンガのストーリーや登場人物にあこがれて料理人をめざす人も多いという話を聞きます。マンガのもつ力、影響力を感じます。

もっと和食を身近に感じてほしいと思っているので、きっかけはマンガであったとしても、和食に興味をもってくれることはうれしいことです。

> **料理や食べること、特に和食に興味があるというこの本の読者へ、メッセージをお願いします。**
>
> 心から和食を楽しむためには、身につけておくといいことが、いくつかあります。正しい箸の持ち方、美しい所作（ふるまい方）、食べ方などです。
>
> さらに花や鳥の名前、漢字、日本の歴史、行事、祭りごとなどについても知っておくと、もっと和食を楽しめるようになりますよ。
>
> 和食を通して、ぜひ日本のさまざまな文化を知ってください。そして、日本という国を大好きになってほしいと思います。

プロフィール

料理人　笠原将弘

1972年東京都生まれ。高校卒業後から料理の世界を志し、「正月屋吉兆」で9年間修業。家業の「とり将」を継いだのち、2004年に「賛否両論」を開店。

賛否両論は開店当初から人気を集め、予約をとりづらい日本料理店といわれる。現在は、レシピ本の出版やラジオやテレビへの出演など各方面で活やく中。

海外からも注目される、日本の伝統食

和食
Washoku

1巻より ©K. HONJOH, Y. SUEDA 2004

『蒼太の包丁』

本庄敬／画
末田雄一郎／作
実業之日本社
マンサンコミックス
全41巻
©K. HONJOH, Y. SUEDA 2004

銀座の名店「富み久」ではたらく北丘蒼太。「心を伝える料理」を出せる板前をめざし、日々ひたむきに料理の修業を続ける。

ココが名場面

板前修業中の蒼太の夢は、北海道で料理店を営む父親といっしょに板場に立つことです。
　銀座の名店「富み久」に来て半年。まだ洗い場などの雑用しか任せてもらえません。師匠の見事な包丁さばきを目にして、いつか自分も師匠のように包丁を使えるようになりたいと、決意をあらたにする場面です。

1巻より ©K. HONJOH, Y. SUEDA 2004

和食なんでもデータ

これ、なんの数字？ 5つ

人間が舌で感じる味覚の種類。
甘味、塩味、酸味、苦味、うま味の5種。うま味は日本人が発見しました。

ニッポン文化再発見！ 和食ってなに？

基本はバランスのよい一汁三菜

和食とは、古くから親しまれてきた日本の食材を使い、伝統的な調理法でつくられる料理です。「日本料理」「日本食」ともいいます。

日本の地形は南北に細長く、四季があるため、地域や季節ごとにさまざまな食材が手に入ります。和食は素材を生かした調理法が特徴で、味つけはシンプルです。調味料には塩や酒のほか、しょうゆやみそなどが使われます。

一汁三菜を基本にした栄養のバランスのよさ、四季の変化を表現した美しい盛りつけや器の工夫なども和食の魅力です。

このようなすぐれた「和食」は世界でも高く評価され、ユネスコの無形文化遺産にも登録されています。

肉食が禁じられ独自の食文化が育つ

縄文時代に中国大陸から米づくりが伝わると、米や穀類が日本人の主食になりました。飛鳥時代、仏教の影響で、ウシやニワトリなどの肉を食べることが禁止され、江戸時代が終わるまで続きました。そのため日本では、大豆の加工品や野菜、魚介類が中心の料理が発達しました。

鎌倉時代から室町時代に、禅宗の寺院でつくって食べられていた精進料理が、現在の和食のもとといわれます。食事も仏教の修行であるため、四季折々の食材を使い、自然の味を生かすことなどが、作法として定められていました。

江戸時代には寿司や天ぷら、そばなどの今でも身近な料理が多く登場し、現代の和食へとつながっています。

必須アイテム

米
米をたいたご飯が和食の主食。米は、みそ、みりん、日本酒、酢など和食に欠かせない調味料の原料にもなる。

食材

日本は海、山、里でとれる海産物や農産物が豊富で多種多様。それぞれの地域でとれる食材や、季節ごとの旬のものを大切にする。

だし・調味料

昆布やかつおぶしなどからとる「だし」としょうゆ、みそなどの調味料が、和食の基本の味をつくり出している。

和食器

陶磁器やうるしぬりの椀など。料理に合った素材や形のものを使い季節感も表現する。

箸
食べ物を切り分ける、はさむ、口に運ぶなどのために使う2本の棒。

和食の基本・一汁三菜

副菜　主菜　副菜　ご飯　汁物

▲ご飯に汁物、おかず（主菜1品・副菜2品）の一汁三菜が和食の基本。ご飯は手前左、汁物は手前右、主菜の皿は右奥に配置する。

もっと知りたい！和食 Washoku

和食の特徴の一つには、独特の調味料があげられます。外国から入ってきた料理でも、日本人の口に合うように工夫され、変化し、今では和食として定着したものもあります。

外国から伝わり、変化して和食に

外国の料理が日本風にアレンジされ、和食を代表する料理になったものに天ぷらがあります。もともとは、料理そのものを意味する「テンポラ」というポルトガル語が変化したものだといわれています。

野菜に小麦粉をつけて油であげる料理は鎌倉時代に中国から伝わっていました。江戸時代に油が手に入りやすくなると、屋台などで新鮮な魚介をあげて立ち食いする天ぷらが人気となって広まり、現在のような天ぷら専門店も現れました。

このように日本で変化した料理には、イギリスのカレー料理が姿を変えて日本の料理として定着したカレーライス、スパゲティをトマトケチャップで炒めるナポリタン、さらに中華そばから変化したラーメン（→14ページ）などがあります。

旬の食材を使った天ぷら
山菜や魚介類など、日本の食材には天ぷらに適したものが多くある。

▲旬の食材を使い、季節感を重視する和食。コース料理では、刺身、焼き魚のほか、牛肉を使うすき焼きやしゃぶしゃぶなどが出ることもある。

和食に欠かせない調味料と食品

しょうゆやみそは、和食の味つけの基本となる重要な調味料です。また、それらの原料の一つである大豆からつくられるとうふも、和食には欠かせない食品です。

しょうゆ
大豆と麦などを発酵させてつくる調味料。和食の味つけや、色づけに使われる。

みそ
米や大豆、麦などを発酵させてつくる。地域によって味にも色にもちがいがあり、みそ汁や料理の味つけに使われる。

とうふ
大豆をくだいてしぼったしる（豆乳）を煮て、にがりで固めたもの。植物性のたんぱく質が豊富な、すぐれた食品。

徳島県上勝町
料理用の葉っぱ

和食店では、美しい葉っぱでかざった料理が見られます。自然や四季の移り変わりにこだわる、和食ならではの心づかいです。自然が豊かな徳島県上勝町では、料理にかざる葉っぱを野山から収穫するビジネスがさかんです。特に高齢者たちが活やくし、元気な町づくりを支えています。

写真：株式会社いろどり

世界から見てみよう

食は、その土地でくらす人々が積み重ねてきた文化の一つの形です。世界中の国々でさまざまな食材や料理が生まれ、伝えられてきました。古くからある世界の料理を見てみましょう。

中国料理

数多くの食材が使われ、料理の種類も豊富。油やデンプンを使う料理が多い。食事は薬と同じであるという考えをもとにしている。

イタリア料理

パスタという麺類を使った料理が多く、トマトソースやオリーブオイルがよく使われる。海に面した国なので、魚介類を使った料理が豊富。

インド料理

複数の香辛料をブレンドした煮こみ料理が多い。乳製品や豆類なども食材としてよく使われる。

🌏 アメリカから始まった和食ブーム

1970年代中ごろ、ロサンゼルスの寿司店が人気になったのが、和食ブームの始まりです。当時のアメリカでは、脂肪分の多い食生活を見直そうという健康への関心が高まっていました。そこで日本食が注目されるようになったのです。さらに、そのブームはアメリカから世界に広がりました。

和食の構成と工夫

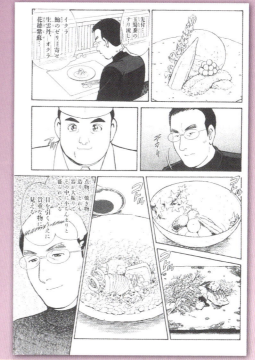

▲友人の日本料理店を訪れて、会席コースの構成を見る蒼太の先輩、山村。(1巻より) ©K. HONJOH, Y. SUEDA 2004

日本料理には「会席料理」という形式があります。刺身、焼き物、煮物、あげ物、酢の物、蒸し物など、それぞれの調理法の料理が一品ずつ出される形式です。料理の順番だけでなく、盛りつけ方や器選びにも工夫がこらされています。

関東の味と関西の味

一般に、関東の味つけはこく、関西はうすいといわれています。理由の一つとして、しょうゆのこい、うすいのちがいがあげられます。

もっと！和食マンガ

『じゅんさいもん』

©九十九森・国広あずさ（秋田書店）

神楽坂の料亭「江戸一」。この江戸料理の名店に京料理の老舗の息子・忍がやってきた。

九十九森／作　国広あずさ／画
秋田書店　プレイコミック　全1巻

世界に広がる江戸っ子たちの大好物

寿司 Sushi

『将太の寿司2 World Stage』
寺沢大介／作
講談社
イブニングKC
全4巻
©寺沢大介／講談社

世界ではSUSHIが急速に進化、発展、拡大していると知った佐治将太は、世界へ出ることを決意し、パリへ向かった。

名付けて"将太の寿司"だ!!!!

それこそがオレの目指す真実の寿司の姿!!

4巻より ©寺沢大介／講談社

ココが名場面

将太がパリから日本に一時帰国したとき、自分の寿司をにぎって師匠たちに食べてもらいます。
将太は寿司のにぎり方を誰からも教わっていません。毎日たくさんの寿司をにぎり続けることが将太の修業でした。たとえ自己流でも、将太の経験は確実に力となっていたことがわかる場面です。

4巻より ©寺沢大介／講談社

寿司なんでもデータ

これ、なんの数字？　50g

江戸時代のにぎり1貫（個）のごはんの重さ。
現在の約20gと比べると、かなり大きな寿司でした。

ニッポン文化再発見！ 寿司ってなに？

寿司は特別な日のごちそう

寿司とは、酢を混ぜたご飯に、魚介類などの具材（ネタ）を合わせた料理です。「すっぱい」を意味する「すし」という言葉が語源とされています。にぎり寿司、ちらし寿司、おし寿司、巻き寿司、いなり寿司などが一般的ですが、日本各地にはその土地ならではの材料でつくられた個性豊かな寿司もたくさんあります。

寿司という字は「ことぶき（寿）をつかさどる（司）」という意味で、縁起のよい漢字が江戸時代にあてられました。季節の行事や特別な日に食べられるのが一般的です。近年は回転寿司の店が増えて、ふだんから食べられるようになりましたが、今もひな祭りなど季節の行事のときに寿司を食べる風習などが残っています。

江戸の屋台で生まれたにぎり寿司

寿司の始まりは東南アジアの「なれずし」といわれます。塩をまぶした魚をご飯に長い間つけこんで、魚だけを食べるなれずしは、奈良時代に日本に伝わりました。そして、室町時代になると、数日間つけた魚とご飯をいっしょに食べる「なまなれ」ができます。

江戸時代になると、酢を使って手早くつくる「早ずし」が出てきます。それをさらに手軽に食べられるように工夫されたのがにぎり寿司です。江戸で屋台が評判になり、にぎり寿司は江戸前寿司などとよばれました。そのころは冷蔵の技術がなかったので、寿司ネタの魚は、いたまないようにしょうゆにつけこんだり、酢でしめたりしたものなどをのせていました。

必須アイテム

まな板
食材を切る台として用いる板。まな板の「まな」は魚のことで、もともとは魚を切るときに使う板をさした。

ネタ
寿司の具材のこと。にぎり寿司では赤身、白身、光もの、煮もの、貝類などがある。

寿司飯
ご飯に、酢と砂糖、塩をくわえて混ぜ合わせたもの。シャリともよばれる。

包丁
魚を下ろすときの出刃包丁や、柳刃包丁、刺身包丁、寿司切り包丁など、切るものによって使い分ける。

寿司のルーツと歴史

▲滋賀県の郷土料理として伝わる「フナずし」。ご飯を発酵させる「なれずし」の一つで、現在も食べられている。

◀「東都名所高輪廿六夜待遊興之図[部分]」（歌川広重）
江戸前寿司の屋台のにぎわう様子がえがかれている。
Image：東京都歴史文化財団イメージアーカイブ

もっと知りたい！ 寿司 Sushi

寿司は、今ではスーパーなどでも売られ、寿司店以外でも食べられる身近な料理になりました。その背景には新鮮な魚を手軽に手に入れるための、さまざまな技術や工夫があります。

おいしい寿司が食べられるのは

寿司は魚を生のまま食べるため、安全に食べるには、新鮮な魚を使わなければなりません。江戸で寿司が広まったのは、すぐ目の前に海があり、新鮮な魚がたくさんとれたからでした。

今は、とれた魚をすぐに氷づめや冷凍にして新鮮さを保つことができます。交通網も発達して、日本全国でとれた魚を、時間をかけずにいろいろな場所へ運ぶこともできるようになりました。

このような技術が発達したことで、私たちは新鮮な魚を使ったおいしい寿司が食べられるのです。

近年、世界中で魚のとれる量が減ってきています。そのため、日本は魚を育てる養殖にも力を入れ、食べるためにとる魚の量を安定して確保するための努力も続けています。

天然のマグロ

遠洋でとれた天然のクロマグロ。近年は世界的に数が減っていて、日本では養殖が試みられている。

▲築地中央卸売市場（東京都）の様子。とれた魚は水あげされてすぐにマイナス60℃で冷凍される。冷凍のまま市場に運ばれて、せりにかけられる。

いろいろな寿司の種類

酢で味をつけたご飯と、さまざまな具材を組み合わせてつくる寿司は、にぎる、巻く、つめるなど、つくり方もいろいろあります。

にぎり寿司
一口大ににぎった寿司飯にネタをのせたもの。

いなり寿司
あまく煮た油あげに寿司飯をつめたもの。

箱寿司
寿司飯と具を何段かに重ねて箱につめ、おしてつくる。

巻き寿司
寿司飯の上にネタをのせ、のりで巻く寿司。

ちらし寿司
寿司飯の上に具をちらしたり、混ぜこんだりする。

高知県高知市

田舎寿司

田舎寿司は、高知県の山間部で、お祝いの席などで出される行事食です。

しいたけ、みょうが、たけのこ、こんにゃくなど、里山でとれる食材を使い、にぎり寿司や巻き寿司にします。すし酢には地元産のゆず酢が使われています。鮮魚が手に入りにくかった地域の特色ある郷土料理です。

写真：（公財）高知県観光コンベンション協会

世界から見てみよう

寿司のルーツ「なれずし」は、東南アジアから中国、朝鮮半島を経由して日本へ伝わったと考えられています。中国など現在は食べられなくなった地域もありますが、東南アジアでは今もよく食べられています。

パー・ソム（タイ）

川魚を塩、蒸したもち米、ニンニクにつけこみ、発酵させる。そのままか、焼いたり、油であげたりして食べる。

ファーク（カンボジア）

小魚を塩、蒸したもち米と麹で発酵させる。そのままか、焼いたり蒸したりして食べる。

シッヘ（韓国）

魚をたいた米、ニンニク、とうがらしなどとともに発酵させる。これをもとに、後にキムチが生まれたともいわれる。

アメリカから世界へ寿司職人も続々

アメリカの寿司ブームが世界へ広がるとともに、世界各地に寿司店が増えました。生食の衛生的な調理法を継承し、世界の寿司職人の地位を築き上げるため、2013（平成25）年から、外国人寿司職人を対象とした「ワールド スシ カップ ジャパン」というコンテストが日本で開催されています。

その国に合ったアレンジ寿司

▲日本にはないフルーツ寿司のおいしさに、将太はおどろく。（1巻より）　©寺沢大介／講談社

外国には新鮮な魚が手に入らない地域もあり、苦手な人もいます。果物を使ったり、さまざまな味のソースをつけて食べたり、その土地で好まれる寿司にアレンジして楽しまれています。

江戸前寿司の伝統芸

寿司のにぎり方には、本手返し、たて返し、小手返しなどがあります。基本とされていた本手返しができる職人は現在ではまれです。

もっと！寿司マンガ

『江戸前鮨職人きららの仕事』

銀座の老舗寿司店の娘きららは、今ではめずらしい本手返しで寿司をにぎる職人。実家の寿司店を助けようと、日々努力する。

原作／早川光　漫画／橋本孤蔵　集英社　ヤングジャンプコミックスDIGITAL　全16巻

ラーメン
Ramen

日本の国民食ともいわれる人気の麺

『らーめん才遊記』

久部緑郎／作
河合単／画
小学館
ビッグコミックス
全11巻
©久部緑郎・河合単／小学館

ラーメンに夢中の汐見ゆとり。フード・コンサルティング会社に入社して、持ち前の味覚のするどさで数々のラーメン店を助けていく。

2巻より　©久部緑郎・河合単／小学館

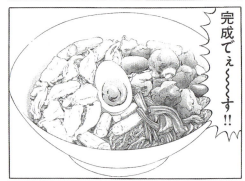

ココが名場面

「麺房なかはら」のメニューでは「満腹にならない」と気づいたゆとりが、店主とともに、スープの味と麺の量はそのままで、具材の種類にこだわった新しいメニューを考え出した場面。
ラーメン店は、味の追求ばかりでなく、食べた人がおなかいっぱいになり、納得できる料金になるようにたくさん工夫をしていることがわかります。

3巻より　©久部緑郎・河合単／小学館

ラーメンなんでもデータ

これ、なんの数字？　**3万1988軒**

全国のラーメン店の数※。
都道府県別の上位は、東京・北海道・福岡です。

※2017年度版タウンページへの掲載数より。

ニッポン文化再発見！ラーメンってなに？

かん水を使った黄色い麺が特徴

中国の麺料理を原型として、日本で独特の発展をとげた食べ物がラーメンです。

中華麺、スープ、具からなりますが、ほかの麺料理との大きなちがいは麺のつくり方にあります。ラーメンの麺は小麦粉と水でつくられますが、「かん水」といわれるアルカリ性の水を使います。小麦粉の成分がアルカリ性の物質と反応し、黄色くて弾力のある、なめらかな歯ざわりの麺が生まれます。

また、ラーメンのスープは、鶏ガラやとんこつ、野菜などさまざまなものを煮こんでつくり、煮こむものによって味わいが変わってきます。麺とスープ、具の組み合わせで、ラーメンはいろいろな味を楽しむことができるのです。

明治時代、中国の麺料理から発展

江戸時代までに、小麦粉とかん水を使った麺のつくり方が日本に伝わっていましたが、多くの人に広まることはありませんでした。ラーメンのルーツとなる中国の麺料理が日本に広まったのは、外国の食文化が伝わってきた明治時代で、各地に中華料理店ができてからです。

1910（明治43）年、日本人向けに味を工夫した中華料理店が東京に開店し、その店の麺料理が現在のラーメンの原点ともいわれます。「支那そば」や「中華そば」というよび名で日本中に広まり、屋台などでも親しまれました。

1958（昭和33）年、インスタントラーメンが誕生します。ラーメンは家庭でも手軽に食べられる料理になり、世界にも広まりました。

必須アイテム

具
代表的な具はチャーシュー、メンマ、ネギ、卵など。店やメニューによってさまざまに工夫される。

中華麺
かん水でつくられた黄色い麺が特徴。細麺から太麺までの、麺の太さや、麺のちぢれにもちがいがある。

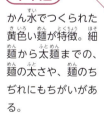

ラーメン鉢
ラーメン用の器。古代中国で縁起がよいとされた龍や鳳凰、雷文などの絵柄がふちに入ったものが多い。最近は店によってさまざま。

スープ
ラーメンの味を決める重要な要素。鶏ガラや魚介、野菜などでだしをとる。

歴史を変えたインスタント麺

◀発売当時のチキンラーメン
1958（昭和33）年発売。世界初のインスタントラーメン。麺にスープをしみこませてあるので、お湯をかけるだけで食べられる。

▶発売当時のカップヌードル
1971（昭和46）年発売。カップに入っているので器を用意する必要がなく、持ち運びもできる点で画期的だった。

◀安藤百福
麺を油であげて乾燥させる製法を発明し、「チキンラーメン」「カップヌードル」を開発した人物。

写真提供（3点とも）：日清食品株式会社

もっと知りたい！ラーメン Ramen

お年よりから子どもまで、大人気のラーメン。しょうゆラーメンがその原点ですが、たくさんの人たちに愛され、味も食べ方もどんどん進化を続けています。

「ご当地」から世界、宇宙にまで広がる

ラーメンの魅力の一つには、さまざまな味が楽しめることがあげられます。代表的な味には、みそ、とんこつ、しょうゆ、塩の4つがありますが、だしのとり方や入れる具のちがいで味わいも変わるため、日々研究され、新しいラーメンがつくり出されています。特に、それぞれの地域独特の味に発展させてきたラーメンを、「ご当地ラーメン」といいます。

また、カップラーメンは保存がきき、食器もいらないため、非常食としても役立っています。この技術を生かした宇宙食のラーメンも開発されました。

今や日本の国民食ともいわれるラーメンですが、インスタントラーメンが全世界で1年間に約1000億食も食べられているなど、世界的な人気メニューともいえます。

具の組み合わせ
スープの味に合わせて、店によって具もかわる。のりや紅ショウガ、白ゴマなども使われる。

みそ

とんこつ

しょうゆ

塩

▲代表的な4つの味のラーメン

麺、スープ、だしの素材、つくり方や具の組み合わせを工夫することで、さまざまな味を引き出せる。

全国ご当地ラーメンMAP

代表的な4つの味で有名なご当地ラーメンを見てみましょう。このほかにも、各地にさまざまなご当地ラーメンがあります。主なものを地図中に▼マークで示しています。

函館ラーメン
塩ラーメンで有名。透明ですんだスープ。

札幌ラーメン
みそラーメンが有名。スープがすぐに冷めてしまわないよう、脂が多めに入っていて、スープの表面に膜をはっている。

博多ラーメン
とんこつラーメンが有名。白いスープに細くてまっすぐな麺。紅ショウガなどの具をのせる。麺だけおかわりできる「替え玉」というシステムが生まれた。

喜多方ラーメン
しょうゆ味で有名。喜多方は水がおいしいことでも有名で、その水を使ってつくったちぢれ麺が使われる。

神奈川県横浜市
新横浜ラーメン博物館

世界初のフードアミューズメントパークとして1994（平成6）年に横浜で開業。昭和33年の街なみを再現した館内に、全国で人気の有名ラーメン店がならび、各店のラーメンを食べることができます。またラーメンの歴史や海外のラーメン事情などが学べるギャラリーもあります。

写真：新横浜ラーメン博物館

世界から見てみよう

麺は世界各地で、小麦粉や米粉、豆などを原料にしてつくられ、いろいろな料理になって親しまれています。イタリアのように麺を主食にする国もあります。世界にはどんな麺料理があるのでしょう。

パスタ（イタリア）

小麦粉を水や卵で練ってつくった麺。スパゲティやマカロニなどもパスタの一種。ソースや具の変化でいろいろな味を楽しむ。

フォー（ベトナム）

米粉でつくられた乾燥した麺を、鶏ガラをベースにしたとうめいなスープに入れてもどし、肉や香草をのせて食べる。

クスクス（北アフリカ～中東）

小麦粉からつくる小さなつぶの麺をクスクスという。肉やスープといっしょに食べたり、サラダとして食べたりする国もある。

ロンドンで大人気のラーメン

近年、日本食が注目されるなか、アジア、アメリカ、ヨーロッパへと、ラーメンブームが広がっています。ヨーロッパのなかではイギリスでのラーメン人気が高く、ラーメン店の数は130店舗以上にのぼります。首都ロンドンではとんこつラーメンが人気で、日本の店が数多く出店しています。

自由な発想で進化を続ける

▲スープにドライトマトを使ったことを社長に見ぬかれ、おどろくゆとり。（3巻より）　©久部緑郎・河合単／小学館

競争が激しいラーメンの世界では、それぞれの店がおいしさを競い、独自の味を開発しています。ときにはこれまで使われなかった食材や外国の素材をとり入れるなど、創意工夫をくり返すことで、ラーメンはつねに進化を続けているのです。

ラーメンの評論家

ラーメンには熱心なファンがたくさんいます。ラーメンだけの評論家もいて、その人の批評を参考にして食べ歩く人もいるほどです。

もっと！ラーメンマンガ

『ラーメン食いてぇ！』

ラーメン店「清蘭」が物語の中心。店主とその孫娘、店のファンだったグルメ評論家がラーメンのスープに救われ、どん底から立ち上がる。

林明輝／作　講談社　イブニングKC　上・下巻

風味と香りを楽しむ現代の健康食

そ ば
Soba

『そばもん
ニッポン
蕎麦行脚』

山本おさむ／作
小学館
ビッグコミックス
全20巻

©山本おさむ／小学館

名人とよばれた祖父から江戸そばの技術のすべてを伝授された矢代稜。かれは、日本全国にそばの素晴らしさを広める活動をしている。

2巻より ©山本おさむ／小学館

ココが名場面

宮城県の山村へやってきた稜。たくさんの客のそばを一人で用意することになりました。洗ったそばを盛りつけるとき、「水切り」が十分でないと、ためざるに水がたまり、そばの風味が弱くなってしまいます。
　しかし、見事な手さばきで次々に水を切っていく稜を見て、その場にいた客たちは、おどろくのでした。

3巻より ©山本おさむ／小学館

そばなんでもデータ

これ、なんの数字？ 　**15杯**

わんこそば15杯分で、かけそばの1杯分。
わんこそばの、おわん1杯のそばの量はかなり少なめです。

ニッポン文化再発見！ そばってなに？

そば粉を使ってつくられた麺

そばは、植物のソバの実を細かくくだいたそば粉を原料とした麺や、それを使った料理をさします。そば粉に水と小麦粉などのつなぎを合わせて練り、めん棒でのばしたものを細く切って麺にします。麺はゆで、水で洗ってぬめりをとります。冷たいまま、そばつゆにつけたり、温かいつゆの中に入れたりして食べます。冷たいそばと温かいそばでは、つゆにちがいがありますが、それぞれの味が楽しめます。

そば粉を使った料理は世界中にあります。しかし、細い麺にしてつゆにつける食べ方は、日本とアジアの一部の地域にしかありません。日本人に長い間親しまれてきたそばは、日本を代表する料理の一つといわれています。

江戸っ子たちは大のそば好き

そばの歴史は古く、縄文時代には、すでに食べられていたと考えられています。ソバの実をゆでてから取り、蒸したり煮たりして食べていました。その後、ソバの実をうすでひいて粉にし、水を混ぜてこね、団子状に丸めた「そばがき」が食べられるようになります。

そば粉はぼそぼそとして切れやすいのですが、江戸時代に、小麦粉などをつなぎとしてくわえてまとめた生地を、うすくのばして包丁で細く切る「そば切り」が広まりました。こうして、現在のようなそばの食べ方が広まったのです。

大みそかに年こしそばを食べる習慣は、そばのように寿命が長くのびるように願って、江戸時代の人々が定着させたといわれています。

必須アイテム

そば粉
ソバの実を石うすなどでひき、粉にしたもの。そばをつくるときはつなぎに小麦粉がくわえられることもある。

めん棒
そばの生地をのばすための棒。木製で、巻取り棒とのし棒の2種類がある。

そば（麺）

そばつゆ
しょうゆに砂糖やみりんをくわえた「かえし」とだしを合わせてつくる。冷たいそばをつけるための汁は辛汁といって、かえしの味が強い。温かいそばの汁は甘汁といって、辛汁を甘味とこくのあるだしでうすめる。

薬味
ネギ、わさび、唐辛子など。苦味や辛味がそばの味をひきたてたり、口をさっぱりさせたりする。

植物としてのソバ

▲ソバは寒冷地でも育つ強い植物で、成長がとてもはやい。種をまいてから2〜3か月で収穫できる。小さな白い花がさき、黒いつぶ状の実がなる。黒くてかたいからを取りのぞいて、うすでひいたものがそば粉。

もっと知りたい！そば Soba

江戸時代、そばはズズズッと音を立ててすばやく食べるのが粋だったそうです。時間をかけずに食べられるそばは、今も日本人の身近な食べ物の一つです。さらに最近は健康食としても見直されています。

現代人にぴったりの健康食

引っこしそばや年こしそばなど、そばは昔から私たちのくらしに深く根づいています。今でも立ち食いそば屋さんで、急いでそばをかきこむ人の姿がよく見られます。

家庭で食べられるそばも、生そばや日持ちする乾麺、カップそばなど、手軽に食べられる製品がたくさん出まわるようになりました。

最近、そばは健康食としても注目されています。そばには、老化防止や高血圧の予防に効果がある成分がふくまれているのです。また、食物繊維も多く、肥満予防にも効果的だといわれています。まさに現代人にぴったりの食べ物です。そばをゆでるときに成分も半分ほどとけ出してしまうので、ゆで汁の「そば湯」を飲むことも健康によいとされます。

打ち粉

生地をのばすときに、くっつかないよう台やめん棒にまぶす粉。デンプン質を多くふくむそば粉を使う。

▲そばの生地をうすくのばしている様子。そば粉のつなぎには、小麦粉などが使われる。「二八そば」とは、小麦粉二割、そば八割でできたそば。「十割そば」はすべてそば粉でできたそばをいう。

写真提供：出雲そば 羽根屋

そばのいろいろな食べ方

そばは、一年中食べることができます。食べ方は冷たい「つけそば」、温かい「かけそば」に大きく分けられますが、そのほかの食べ方や料理、季節のメニューもあります。

そばがき
そば粉を練って団子状にしたもの。しょうゆや辛汁をつけて食べる。

鴨南蛮
鴨肉とネギを入れたかけそば。明治時代後半まで、鴨の旬である冬の限定メニューだった。

冷麺
朝鮮半島の麺料理。本場のものは、そば粉にデンプンをくわえた麺が使われている。

岩手県花巻市・盛岡市

わんこそば

わんこそばは、「おなかいっぱい食べてほしい」という岩手の人のおもてなしの気持ちから生まれた郷土料理です。わんことは、おわんをさす方言です。小さなおわんに一口分ほどのそばが入れられ、食べ終わるごとに給仕さんがおわんに次々とそばを入れ続けます。おわんのふたを閉めるのが「おなかいっぱい」の合図です。

公益財団法人岩手県観光協会

世界から見てみよう

植物のソバは古くから世界各地で栽培されていて、そば粉を使った料理もいろいろあります。しかし麺にする製法は少なく、ソバの実をおかゆにしたり、そば粉を練ったものを焼いて野菜などと合わせたりする食べ方が多く見られます。

カーシャ（ロシア）

あらくひいたソバの実を水や牛乳で煮こんだおかゆ。朝食にもよく食べられる家庭料理。

ガレット（フランス）

そば粉を水と混ぜて、フライパンでうすく焼いたクレープ。卵やチーズ、野菜をのせて食べる。

ロシアと中国が二大生産国

広い国土をもつロシアはソバの栽培がさかんで、国内での消費量も多い国です。世界のソバの生産量は年によってちがいますが、毎年、ロシアと中国が大きな割合をしめています。日本はソバの実を輸入しています。もっとも多いのは中国からですが、近年はロシアからの輸入も増えています。

今も残るそば好きたちの言い伝え

▲稜のめいに、そばのおいしい食べ方を教える藪そばの主人。（1巻より）　©山本おさむ／小学館

日本人は、そばをおいしく食べるための工夫や知恵をうみ出し、伝えてきました。たとえばそばは音を立てて食べることや、おいしく食べるためのつゆのつけ方があるなど、江戸時代からの風習が受け継がれ、今も人々の間に残されています。

江戸のかつぎ屋台そば

江戸時代には、店をかまえるそば屋のほかに、「かつぎ屋台」という持ち運びできる屋台のそば屋もありました。

もっと！そばマンガ

『そば屋 幻庵』

©かどたひろし／梶研吾／リイド社

玄太郎は、武家の隠居でありながら、夜になるとかつぎ屋台のそば屋として町へ出る。まげをほっかむりでかくし、客をむかえる日々が続く。

かどたひろし／画　梶研吾／作　リイド社　SPコミックス　1～15巻（既刊）

渋味と苦味の成分に注目が集まる飲み物

日本茶
Nihoncha

『茶柱倶楽部』
青木幸子／作
芳文社
芳文社コミックス
全8巻
©青木幸子／芳文社

静岡にある老舗茶屋の娘・伊井田鈴は、おいしいお茶をくれたおばあさんをさがすため、移動茶店「茶柱倶楽部」を始める。

1巻より ©青木幸子／芳文社

ココが名場面

移動茶店を始めた鈴は、一人の女子高校生にお茶をふるまいます。
一煎目（一杯目）の最後の1てきを出すためのしぐさを、女子高校生はカッコイイと言いますが、これは二煎目もおいしくいれるためのものでした。茶葉の産地だけでなく、お湯の温度やいれ方までがくわわって、おいしいお茶をいれることができるのです。

1巻より ©青木幸子／芳文社

日本茶なんでもデータ

これ、なんの数字？ 八十八夜

茶つみを始めるのによいとされる、立春から数えた日にち。立春から88日目はだいたい5月2日ごろです。

ニッポン文化再発見！ 日本茶ってなに？

「茶の木」の葉を蒸した茶葉

　日本茶は、お茶の木の葉をつんで蒸し、もんで水分をとばし、茶葉に仕上げたものです。お湯を注いで味や成分を楽しみます。お茶の葉はつむと成分が変化する発酵が起こります。日本茶はつんですぐに熱をくわえて発酵を止めるので、茶葉が茶色に変化せず、緑色のままです。「不発酵茶」ともいわれます。

　日本茶は少し苦味がありますが、すっきりした味わいで、食事やあまいものにとても合います。

　最近は持ち運べるペットボトルや缶入りのお茶が増えていますが、急須に茶葉を入れて、湯のみに注いで飲む家庭も少なくありません。また、お客さんが来たら日本茶を出してもてなすことも、日本に伝わる習慣の一つです。

薬から茶の湯をへて親しまれる飲み物へ

　お茶は、奈良時代から平安時代のころに、中国に渡った僧たちによって日本に持ち帰られたとされています。当時、お茶は、貴重な薬として飲まれていました。

　鎌倉時代になると、茶の栽培がさかんになり、寺院で飲まれるようになりました。そこから茶の湯という文化が生まれ、のちの茶道（→3巻6ページ）へとつながっていきます。そのころのお茶は葉をひいて粉にした、現在の抹茶のようなものでした。

　江戸時代になると、茶葉にお湯を注ぐ飲み方が中国から伝わりました。その後、お茶は茶道だけでなく、手軽に飲める飲料として広く親しまれるようになりました。

必須アイテム

急須
日本茶をいれるための専用の道具。

湯のみ
お茶を飲むための器。

茶葉
収穫の時期や産地、製法によって、味にちがいが出る。

お湯
茶葉によって適した温度はちがう。

日本茶の栽培

◀茶葉。枝の先端に近い新芽ほど、味のよいお茶になる。

▲茶畑。手入れや収穫がしやすいように、お茶の木の高さは低めにそろえられている。お茶の葉は低温に弱いので、霜よけのために大きな扇風機のようなファンが設置されることが多い。ファンは、高い所の暖かい空気を送りこむためのもの。

もっと知りたい！日本茶 Nihoncha

日本茶には、煎茶、番茶、ほうじ茶、玄米茶、抹茶、粉茶など、さまざまな種類があります。飲む場所や好みによって飲み分けられています。

日本茶の種類とちがいを知ろう

日本茶のなかで、もっともよく飲まれているのが「煎茶」です。その年の新芽や次につみ取った二番茶が茶葉に使われます。美しい緑色をした香り豊かなお茶です。「番茶」は三番茶や四番茶、煎茶のかたい葉や茎でつくられ、苦味が少なく飲みやすい味です。「ほうじ茶」は、煎茶や番茶を炒ってつくるので葉もお茶も茶色です。炒ることで渋味や苦味がおさえられます。「玄米茶」は煎茶や番茶に炒った玄米をくわえたもの。香ばしさが特徴です。「粉茶」は煎茶などをつくる過程で出てきた、くだけた葉やしんを集めたお茶で、しっかりと味が出て魚のくさみを消すことから、寿司店でよく出されます。

最後に「抹茶」。高級な茶葉をひいて粉状にしたもので、茶道で出されるお茶に使われます。

▲日本茶の種類。お茶の色も茶葉によってちがう。

日本茶を飲めば健康になれる？

中国から薬として日本に入ってきたお茶。その渋味や苦味などの成分が、体によいことがわかっています。

むし歯予防
日本茶の苦味の成分であるカテキンには、細菌の活動をおさえるはたらきがあるため、むし歯や食中毒などの予防になる。

かぜ予防
日本茶には体を健康に保つために必要なビタミンCが多くふくまれているため、かぜの予防にも効果があるといわれている。

ねむけざまし
脳に作用するカフェインがふくまれ、気分を高める効果がある。ねむいときに日本茶を飲むと、頭がスッキリとする。

静岡県
世界お茶まつり

お茶の生産量日本一の静岡県で、3年に一度開催されるお茶の祭りです。茶つみや茶工場の見学、日本や世界各地のお茶が楽しめるお茶会、お茶をテーマにした展示やセミナーなどが行われます。国内外から多くの人が訪れ、お茶を深く知ると同時に国際交流をはかる場になっています。写真は抹茶ひき体験コーナー。

写真：世界お茶まつり実行委員会

世界から見てみよう

日本ではお茶といえば緑色ですが、外国では茶色や黒っぽい色のお茶が多くあります。これは茶葉をつんだ後のつくり方に大きなちがいがあるからです。またお茶にミルクや砂糖を入れる飲み方も、外国のお茶ならではのものです。

ウーロン茶（中国）

茶葉をつんだ後に葉をとちゅうまで発酵させる半発酵茶といわれる種類のお茶。独特な香りがある。

紅茶（イギリス・インド）

茶葉を蒸さずに完全に発酵させたお茶。イギリスでよく飲まれる。また、かつてイギリスの植民地だったインドでは、煮出した紅茶にミルクと砂糖をくわえたこい味のミルクティー、チャイが飲まれる。チャイにはスパイスなどをくわえることもある。

チャイ
スパイス

アメリカで人気の日本茶

日本が外国に輸出している日本茶の約半分は、アメリカが輸入しています。特に、ニューヨークやシリコンバレーなど若い人たちが集まる地域で日本茶が人気です。その背景にはアメリカの健康ブームがあります。最近はレストランのメニューにも、日本茶がある店が増えています。

いれ方でお茶の味は変わる

▲いれ方のちがいで変わる、お茶の色や味や香りを語る鈴。（2巻より） ©青木幸子／芳文社

同じ茶葉を使っても、味がちがうことがあります。注がれるお湯の温度のちがいで、甘味が出たり、渋味が強くなったりするからです。茶葉に適した温度で、好みに合うお茶を上手にいれられると、日本茶の楽しみはさらに広がります。

日本茶インストラクター

日本茶にまつわる資格に、日本茶インストラクターがあります。日本茶教室などで正しいお茶の知識を広める専門家の資格です。

もっと！日本茶マンガ
『茶の涙 -Larmes de thé-』

日本茶を求めパリを歩きまわる青年・内藤涙は、実は日本茶にくわしい茶の達人。日本茶の輸入を禁止したフランスを舞台に、お茶をめぐる物語が始まる。
水面かえる／作　マッグガーデン　EDEN COMICS　全4巻
（すずきこう）

独特のつくり方で世界にほこれるお酒
日本酒 Nihonshu

『蔵人』
尾瀬あきら／作
小学館
ビッグコミックス
全10巻
©尾瀬あきら／小学館

クロード・バターメイカーは日系3世のアメリカ人。祖先の酒蔵を復活させるために、島根県松江市で日本酒づくりを一から始める。

1巻より
©尾瀬あきら／小学館

ココが名場面

クロードが、櫂という道具を使って、酒母を100回かき混ぜる「櫂入れ百本」をしている場面です。

クロードがはたらく酒蔵でつくる酒は、純米酒、吟醸酒は2割で、残りは普通酒です。普通酒は安くて多くの人に飲まれますが、専務の宏は「人を感動させる酒を造りたい」と言い、クロードはかっこいいと思いました。

1巻より ©尾瀬あきら／小学館

日本酒なんでもデータ
これ、なんの数字？ 　**4種類**
製法で分ける日本酒の種類。
「普通酒」「吟醸酒」「純米酒」「本醸造酒」の4つがあります。

ニッポン文化再発見！ 日本酒ってなに？

日本独自の技術でつくるお酒

ビールやワイン、ウイスキーなど世界にはさまざまなお酒がありますが、そのなかで日本で発達した技術でつくられるお酒が日本酒です。日本酒の原料は主に米と麹と水。蒸した米に麹をくわえ、菌を発酵させてつくる日本酒は、生きものをあつかうようなこまやかな作業が必要です。そのため日本酒をつくる酒蔵には、杜氏とよばれる酒づくりの責任者がいて、細かい指示を出しながらていねいにつくっています。

日本酒は古くから日本人のくらしに深いかかわりをもっています。ふだん飲むお酒としてだけでなく、今も神様への供え物や季節の行事に欠かすことのできないものです。また、最近は海外での日本酒人気も高まっています。

江戸時代に造り酒屋が各地に広がる

日本酒の始まりは、米がつくられるようになった弥生時代のころと考えられています。平安時代には、今とあまり変わらない製法でつくられていたことが、書物からわかっています。

鎌倉時代になり商業が発達すると、本格的に日本酒をつくって売る、造り酒屋が現れます。室町時代の京都には、300軒以上の造り酒屋があったといわれています。日本酒づくりが各地域にも広まったのは江戸時代の初めです。水と米の豊かな地域に造り酒屋が次々と誕生し、今の地酒の土台がつくられていきました。食事の洋食化が進んだ戦後、日本酒人気は一時落ちこみますが、近年、和食のよさが再び注目され、日本酒の魅力も見直されつつあります。

必須アイテム

米
日本酒づくりには、酒米とよばれるふつうの米よりもつぶが大きな専用の米が使われている。

水
日本酒の80％は水。おいしい水があるところにはおいしい日本酒がある、といわれている。

麹
微生物の一種の麹菌を米につけて繁殖させたもの。米にふくまれるデンプンを、ブドウ糖などに分解するはたらきをもつ。

麹菌

米から酒母へ

▲**米麹づくり**
蒸した米に麹菌をつける工程。米麹づくりでは、菌が増えて米のデンプンがしっかり分解されるように、温度や湿度の管理がとても重要になる。

◀**酒母をつくる**
できた米麹と水、酵母、さらに蒸した米を合わせて発酵させ、酒母をつくる。これがお酒のもとになる。

写真提供：株式会社クラビシュ jizake.com

米とあんこが基本の伝統の味

和菓子
Wagashi

『あんどーなつ 江戸和菓子職人物語』

西ゆうじ／作
テリー山本／画
小学館
ビッグコミックオリジナル
全20巻

©西ゆうじ・テリー山本／小学館

パティシエ（洋菓子職人）をめざしていた安藤奈津は、和菓子店「満月堂」の和菓子職人、梅吉たちと出会い和菓子の道へ進むことになる。

お父さん、和菓子職人になることに決めました——

1巻より ©西ゆうじ・テリー山本／小学館

ココが名場面

満月堂の看板商品である満月饅頭のこしあんは、北海道十勝産の小豆でつくります。まずは一つぶ一つぶを選別することから始まると教わる奈津。
　江戸時代から続く満月堂では、職人から職人へ代々、技や製法が受け継がれています。材料の一つひとつにまでこだわり、たんせいこめて和菓子をつくっていることがわかる場面です。

1巻より ©西ゆうじ・テリー山本／小学館

和菓子なんでもデータ

これ、なんの数字？　**6月16日**

和菓子の日。
仁明天皇が菓子を神前に供え健康祈願をした日が由来です。

ニッポン文化再発見！ 和菓子ってなに？

日本に伝わる伝統的なお菓子

和菓子は、日本の伝統的な製法でつくられたお菓子です。ケーキやチョコレートなどの洋菓子と区別するために和菓子といいます。素材は、米や麦などの穀物の粉、小豆などの豆類、栗などの木の実が中心です。形は、美しくはなやかなものからそぼくなものまで、さまざまです。ふくまれる水分量のちがいによって、生菓子、半生菓子、干菓子などに分けられます。

江戸時代に花開いた和菓子の世界

「お菓子」という言葉はもともと果物の「果」と種子の「子」を意味します。甘味があり空腹を満たす果物や種子は、古代からとても貴重なものでした。

平安時代、中国から唐菓子や砂糖がもたらされると、菓子文化が大きく発展します。米や小麦などの穀物を加工して、現在の団子やもちに近いものがつくられるようになりました。

室町時代に茶道（→3巻6ページ）が流行すると、お菓子は、茶席に欠かせないものとなりました。その後、ポルトガル人によってカステラや金平糖など、砂糖や卵を使ったお菓子が持ちこまれ、全国に伝わりました。江戸時代になると、砂糖の輸入や国内での生産が増え、お菓子の種類も増えていきました。現在ある和菓子の多くは、江戸時代に誕生したものです。

明治時代になると西洋から洋菓子が入ってきて広まりましたが、和菓子も、変わらずに現在まで愛され続けています。洋菓子の素材をとり入れるなど、新しい和菓子も生まれています。

代表的な材料

あんこ
小豆を煮つめて砂糖をくわえたもの。また、白いあんこには白いんげん豆など白い豆を使い、緑色のうぐいすあんにはえんどう豆を使う。

米
多くは粉状にして、蒸して練ってもちにしたり、焼いてせんべいにしたりして使われる。

和菓子とお茶
お茶菓子といわれるほど、お茶と和菓子は相性がよい。茶道の席では、必ず和菓子がそえられる。

四季を表す和菓子

▲練り切り。自然や季節の移り変わりを表現する繊細な細工がされる。茶道の席でふるまわれる代表的な和菓子。桜（春）、むくげ（夏）、菊（秋）、椿（冬）などをかたどっている。

写真：株式会社たねやグループ

もっと知りたい！ 和菓子 Wagashi

和菓子は、中国やポルトガルなど海外の菓子文化もとり入れて発展してきました。伝統を守りながら新しいものをとり入れ、進化する和菓子。最近ではさらにその世界が広がりつつあります。

進化を続ける和菓子の世界

和菓子には、たくさんの種類があります。たとえば「生菓子」といわれる和菓子だけでも、ついたもちでつくるおはぎや草もち、まんじゅうなどの蒸し物、どら焼きなどの焼き物、あんドーナツなどのあげ物というように、つくり方や素材によって、さまざまな種類に分けられます。生菓子以外にも、ようかんに代表される「半生菓子」、せんべいやおこしなどの「干菓子」もあります。

さらに、地域でとれる作物を素材にして、日本各地で新しい発想や工夫が重ねられ、その土地ならではの和菓子も次々に生まれているのです。

近年、洋菓子に和菓子の素材を使う「和スイーツ」とよばれるメニューもたくさん生まれ、和菓子の世界は広がり続けています。

練り菓子 白あんと求肥（もち菓子）を練ってつくる。

焼き菓子 カステラやどら焼きなど。

▲いろいろな和菓子

流し菓子・蒸し菓子 ようかんには、あんを寒天で固めるものと、粉をくわえて蒸して固めるものがある。

もち菓子 大福や団子、おはぎなど。もちは和菓子の素材としてよく使われる。

和菓子のアレンジいろいろ

和菓子の材料を生かしたり、アレンジしたりした食べ物のなかには、今ではどこででも手に入るほど広まったものもあります。

いちご大福 まるごといちごを入れた大福。いちごのまわりをあんこがつつみ、あまさと酸味がいっしょに味わえる。

あんパン パンがまだめずらしかった明治時代の初めに、日本人にもなじみやすいパンをつくろうと考え出された。

抹茶アイス 砂糖との相性がよく、あざやかな緑が食欲をそそる抹茶。ケーキやクッキーなども人気がある。

石川県金沢市
日本三大菓子処

城下町金沢では、お茶の文化といっしょに和菓子の文化も発展しました。「長生殿」や「金花糖」（写真）といった江戸時代から続く干菓子の銘菓が今も残っています。金沢は京都、松江とならぶ日本三大菓子処の一つでもあり、10年以上続けて生菓子の消費量も全国一です。

写真：越山甘清堂

世界から見てみよう

世界中で愛されているお菓子。和菓子は、米を中心とする日本の食文化といっしょに発展してきました。それでは、気候や風土、文化のちがう中国やヨーロッパのお菓子には、どんな特徴があるのか見てみましょう。

中国菓子(中国)
月餅や麻花など、中国の伝統的なお菓子には、小麦粉やラード(豚のあぶら)を使ったものが多い。果実や植物のタネもよく使われる。和菓子や洋菓子とくらべると、見た目はシンプルなものが多い。

洋菓子
ヨーロッパのお菓子。ケーキやパイのように、小麦粉や卵、クリーム、バターなどの動物性のタンパク質や脂肪が多く使われるのが特徴。また、パン焼きの技術が発達して古代からオーブンが使われていたため、クッキーなどの焼き菓子が発展した。

🌐 パリで人気の和菓子

500年の歴史をもつ和菓子店の「とらや」は1980(昭和55)年にフランス・パリに出店。脂肪分が少ない和菓子は、健康への関心が高まっていたフランスでも人気となりました。パリの店ではフランス人の口にも合うよう、フルーツを使ったオリジナルの和菓子などもつくられています。

和菓子で季節を感じる

▲梅吉から「ぼたもち」と「おはぎ」の由来を聞き、感心する奈津。(2巻より)　　©西ゆうじ・テリー山本/小学館

季節感を大切にする和菓子の世界では、名前にも季節を感じさせる表現がとり入れられています。「おはぎ」と「ぼたもち」は同じもので、春のお彼岸のころは牡丹がさくことから「ぼたもち」、秋は萩の花がさくことから「おはぎ」とよばれます。

日本独自の和菓子の材料

四国東部のさとうきびだけを原料とした「和三盆」や、くずの根からとったくず粉など、和菓子の材料には日本独自のものもあります。

もっと！和菓子マンガ

『わさんぼん』

望月草太は、和菓子職人の見習い。150年以上の歴史をもつ京都の老舗和菓子屋「桜屋」にて修業の毎日を送る。

佐藤両々/作　芳文社　まんがタイムコミックス　1〜5巻(既刊)

宮大工 Miyadaiku

伝統の建築技術と知恵を未来へつなぐ

『かみの すまうところ。』
有永イネ／作
講談社
KCデラックス
全3巻
©有永イネ／講談社

就職に失敗し地元にもどった24歳の上乃みつき。宮大工を祖父に、若き天才宮大工を弟にもつ彼は、新たな道を歩み始める。

2巻より ©有永イネ／講談社

ココが名場面

古いお寺をとりこわそうとしていた、亡き住職の娘をみつきたちが説得し、解体して復元することになりました。
寺をなくすことは、それをつくっていたものさえも、なかったことにしてしまうことだという言葉を聞いたみつき。宮大工という仕事は、「ない」ところから「あることにする」ことだと気づいて、ワクワクする場面です。

2巻より ©有永イネ／講談社

宮大工なんでもデータ

これ、なんの数字？ 　**100種類以上**

宮大工が使うのみの種類。目的に合った種類ののみを使います。

ニッポン文化再発見！ 宮大工ってなに？

寺や神社の建物に用いる特別の技

　日本には、たくさんの寺院（→3巻42ページ）や神社（→3巻36ページ）、城があります。これらの建物は、現代の家とはちがう、特別な建築技術で建てられています。

　こうした建物を修理したり、新しく建てたり、一部を建て直したりするのが宮大工とよばれる人たちです。なかには何百年も前の建物もあります。

　昔の寺社には、ほとんどくぎを使わずにじょうぶな建物をつくるための、木組みなどの技法が使われています。木と木を複雑に組み合わせているため、修理するには、高い技術が求められます。宮大工はそのような当時の建築の知識や技術をもった、特別な大工なのです。

強さと美しさをめざして発展

　飛鳥時代に寺の建築様式が中国から日本へ入ってきました。しかし、地震が多い日本では、中国の技術をとり入れながら、よりじょうぶな建物にする必要がありました。

　そこで、「組物」（34ページで紹介）という技法を、より発達させました。組物は、「梁」という屋根を支えている部材と柱をつなぐ部分によく使われ、全体を美しく見せる役割も果たしています。

　鎌倉時代以降は、それまで伝わっていた建築技術の地震に弱い面を改善した、日本ならではの建築様式が主流になりました。当時の宮大工たちの技術は、現代をしのぐほどだといわれています。

必須アイテム

のこぎり
木材を切断したり、加工したりするための道具。刃の目や形にちがいがあり、材料によって使い分ける。

手斧（ちょうな）
曲がった木に刃をつけた斧。木材の形を大まかにととのえ、表面を平らに仕上げるための道具。

かんな
木材の表面を削り、なめらかに仕上げるための道具。

のみ
木や石に穴をあけたり、溝をほったりするための道具。木組みの組み合わせる部分をつくるために欠かせない。

墨つぼ
材木に長い直線の印をつける道具。墨のついた糸を引き、指ではじいて材木に墨の線をつける。

木組みの方法

▲継ぎ手
くぎを使わずに木と木をつなぎ合わせ、材木の長さをのばす方法。

▲仕口
二つ以上の材木を角度をつけてつなぐ方法。

◀薬師寺金堂
奈良時代に建てられた薬師寺金堂は、室町時代に焼け落ちてから、仮の建物のままだった。1976（昭和51）年、法隆寺の修理にたずさわった宮大工などの意見も集め、創建当時の様式のまま再建された。写真：薬師寺

もっと知りたい！宮大工 Miyadaiku

日本には何百年も前に建てられた寺や神社が今も多く残っています。地震や台風、夏の湿気など木造建築にとって厳しい環境にも負けない強さは、宮大工たちの技と努力の積み重ねによるものです。

何百年と変わらぬ姿を守る

宮大工がたずさわる寺や神社は、人々の心のよりどころになるように、何百年後も変わらずそこにあり続けることが求められます。しかも日本の気候風土や、地震などに耐えられるじょうぶな建物にしなければなりませんでした。

そこで宮大工たちは、木を複雑に組み合わせることで耐震性を高める工夫や、石を建造物の土台にして木材をくさりにくくするといった知恵をうみ出してきました。さらに、長い歴史のなかで、何度も修理をくり返し、多くの宮大工が大事な建造物を守るための技術を受け継いできたのです。

伝統的な日本の建築物をこれからも守っていくために、技術を未来につないでいくことも、宮大工の大切な役割です。

根継ぎ
柱の下部など木がくさった部分を取りのぞき、新しい木とつなぐ技術。

▲長福寺本堂の解体修理の様子。写真：奈良県

◀興福寺中金堂の再建。屋根の木組み部分。木組みの複雑さがわかる。
写真：株式会社 瀧川寺社建築

細部にまでこだわる宮大工の技

飛鳥時代から伝わる宮大工の伝統の技は、建物が長い年月こわれないための工夫。そこにはどんな知恵がかくされているのでしょう。

組物
柱と梁が接する部分に木材を複雑に組みこむ。大きな屋根の重さを分散して受け止めるしくみ。

虹梁
屋根を支えるために柱に対して横向きにはめこまれる弓形の部材。地震の横ゆれに耐える役割もある。

礎石
建造物を支える石の土台。木の柱を固定する。柱の土台がくさるのを防ぎ、地震にも強い建物になる。

神輿
祭りに欠かせない神輿も、宮大工の手でつくられる。日本の伝統建築の技が細部にまで生かされている。

三重県伊勢市
神宮式年遷宮

20年に一度、神様の住む社殿を新しく建て替える伊勢神宮の行事です。伊勢神宮の社殿は日本最古の建築様式で建てられており、新しい社殿の建築には、多くの宮大工がかかわります。約1300年も続いてきて、その技術は、長く受け継がれてきました。

写真：神宮司庁

世界から見てみよう

世界にもさまざまな歴史的建造物が、今も変わらぬ姿で残っています。それを築き上げたのは、当時の職人たちの知恵と技。なかにはどのようにしてつくられたのか、現在でも解き明かされていないものもあります。

ピラミッド（エジプト）

古代エジプトの王の墓とされる巨大な建造物。全体がどんな設計でどのようにして建てられたのか、今も解明されていないことが多い。

城・教会（ヨーロッパ）

石を積み重ねてつくられ、複雑な飾りがほどこされているものも多く、石造建築とよばれている。石工という職人の手によって築かれてきた。

韓屋（韓国）

韓国の伝統的な家屋の韓屋には、日本との共通点も多い。韓国では宮廷、寺などの建築物の設計から全工程の責任をもつ職人を大木匠とよぶ。

🌐 ベルギー人の宮大工

宮大工の技術が、最近、海外でも注目されています。茶室の美しさに感動したあるベルギー人の青年は、アメリカにある日本の建築デザイン専門の工房で学び、宮大工となりました。ドイツに禅堂をつくるなど日本の伝統的な建築を世界に広め、活やくしています。

未来にはずかしくない仕事を

▲棟梁（みつきの祖父）は、改修中のお寺の子どもに、200年先の話をする。（1巻より）　©有永イネ／講談社

宮大工は、手がけた建物は自分が死んだ後にも何百年も残ることを知っています。自分の仕事は次の世代につながっていく。だからこそ100年、200年先に生きる人々にもはずかしくない、完ぺきな仕事をつねにめざしているのです。

日本独特の建築様式

日本では時代とともに「八棟造り」「寝殿造り」「書院造り」など、さまざまな建築様式が生まれ、発達してきました。

こっちは！数寄屋造りマンガ

『数寄です！』

「数寄屋造り」とは、茶室の様式をとり入れた建築のこと。ある建築家との出会いで「和の心」にめざめた著者は、数寄屋造りの家を建てる決心をする。

山下和美／作　集英社　愛蔵版コミックス　全3巻

自然の素材でつくる、気候に合う住まい
日本家屋 Nihonkaoku

『さんかく屋根街アパート』

藤末さくら／作
講談社
BE LOVE KC
全4巻
©藤末さくら／講談社

鬼瓦をつくる「鬼師」だった亡き父をめざして、生田美月は故郷にもどり、通称「やきものアパート」で見習い生活をスタートする。

1巻より ©藤末さくら／講談社

ココが名場面

幼なじみの旭がはたらく神谷鬼瓦の職人になるため、美月が、親方（旭の父）に直接たのみに行く場面です。
親方はよばれても気づかないほど集中して、大きな鬼瓦を彫っていました。
親方は美月の父をよく知っています。今は亡きライバルの娘である美月を、親方はさまざまな思いから受け入れてくれます。

1巻より ©藤末さくら／講談社

日本家屋なんでもデータ

これ、なんの数字？　約2m

畳の長辺の長さ（京間の場合）。この長さを1間といい、日本家屋や建築の基準となる単位です。

ニッポン文化再発見！ 日本家屋ってなに？

伝統の技法で四季の変化に対応する

木や紙、土、竹などの材料を使って、伝統的な技法で建てられた日本の家のことを日本家屋といいます。家の骨組みには木が使われ、木材をパズルのように組み合わせた木組みで家を支えています。湿気を吸収する木の性質は、梅雨から夏にかけて湿度が高くなる日本の気候にとても合っています。

屋内は、ろうかや台所は板ばりで、部屋の床には畳がしかれ、それぞれの部屋はふすまで仕切られます。外から見て目立つのは、大きなかたむきがある瓦屋根です。軒を長くすることで、夏の強い日ざしが部屋まで入りこむのを防ぐとともに、雨や雪がふきこまないつくりになっています。

竪穴式住居から少しずつ発達

日本の家屋は、縄文時代以降さかんに建てられた竪穴式住居から少しずつ発達してきました。平安時代、寝殿造りとよばれる貴族の屋敷には、室内に壁や仕切りがほとんどなく、調度品で空間を仕切っていました。この調度品がやがてふすまや障子になります。

畳は、平安時代からありましたが、当時は人がすわる場所にだけ置いていました。室町時代の終わりごろから貴族や武士の家でしきつめられるようになり、江戸時代になると、町の長屋や農家でも畳をしくようになりました。瓦屋根も、江戸時代から広く使われるようになりました。また、縄文時代からある茅ぶき屋根も、今でも一部の地域や建物に残っています。

必須アイテム

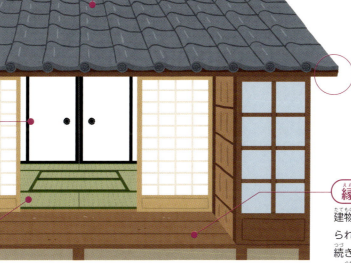

瓦
粘土を焼いてつくられた屋根材。さまざまな形のものがある。かざり用の鬼瓦は鬼の形をしたもので、厄除けや守り神の意味で使われている。

障子
木のわくに紙をはり、部屋の仕切りや窓に取りつけられる。閉じていても明かりをとり入れられ、外気をさえぎる役割などがある。

ふすま
部屋と部屋を仕切る引き戸。木の骨組みの両面に紙や布をはったもの。開閉することで風通しや部屋の広さを調整できる。

畳
い草という植物を編んでつくった床材。部屋にしきつめる。

軒
外壁からはみ出した屋根の端。雨や強い日差しをさえぎる。

縁側
建物のふちにはり出して設けられた板じきの空間。部屋の続き、ろうか、外からの上がり口など、いろいろな使われ方がある。

豊かな自然の姿を庭にえがき出す
日本庭園 Nihonteien

『君の庭。』

香田直／作
講談社
講談社コミックス
全3巻
©香田直／講談社

両親を亡くした岡野かりんは、祖父の家でくらすことになる。青木造園の棟梁である祖父のもと、かりんも庭師としてはたらき始める。

1巻より ©香田直／講談社

ココが名場面

青木造園の裏山には600本の松があり、かりんと藤田、藍川の3人は、その松の「剪定」をするように言われます。かりんが二人に松の剪定方法を教わっている場面です。

かりんは庭師の仕事を始めたばかりです。樹木をいたわりながら作業することが大事という基本から教わり、覚えていくのでした。

1巻より ©香田直／講談社

日本庭園なんでもデータ
これ、なんの数字？　4種類

日本庭園に植えられる主な樹木の種類。
常緑広葉樹、落葉樹、針葉樹、竹笹類に分けられます。

38

ニッポン文化再発見！ 日本庭園ってなに？

自然の風景を人工的につくり出す

限られた空間の中に、植木や庭石、池などを配置して、日本ならではの自然のおもむきを表現した庭を、日本庭園といいます。

その大きな特徴は、海に見立てた池の中に、島に見立てた石を配置したり、土を盛って山を表現（築山）したりして、自然の風景の縮図を人の手でつくり出しているところです。

池を中心に時代ごとに変化

日本で形式のととのった庭園がつくられるようになったのは奈良から平安時代といわれます。

平安時代、貴族たちは寝殿造りとよばれる屋敷に住むようになり、大きな池を囲む寝殿造り庭園が発展していきました。池は夏を涼しく過ごすために南につくられました。また、仏教の信仰が広まり、死後の極楽浄土の世界を表現した浄土式庭園が寺の庭などにとり入れられます。

室町時代に生まれた書院造り庭園は、室内からの見え方を意識してととのえられた庭です。また、禅寺などでは、水を使わずに、石や白い砂などで水の流れを表現する「枯山水」とよばれる形式の庭園が多くつくられました。

江戸時代になると、大名たちが庭園づくりに力を注ぎます。周囲の景色も庭にとりこむ「借景」という手法をとり入れ、広い敷地の中心に池を配置し、橋や石、築山などを設け、歩きながらその景色を楽しむ回遊式庭園が各地につくられました。その当時つくられた兼六園（石川県）、後楽園（岡山県）、偕楽園（茨城県）は日本三名園とよばれています。

必須アイテム
（池泉回遊式庭園）

樹木
いろいろな種類の樹木を組み合わせ、花、新緑、紅葉、落葉など一年を通して四季折々の見どころをつくり出している。特に寿命が長いマツは、不老不死のシンボルとしてよく植えられる。

池
日本庭園の中心をになう重要な要素。平安時代は舟をうかべて月見をしたり、音楽を演奏したりする舟遊びが行われた。舟で見てまわる庭園を池泉舟遊式庭園という。

石
天然の石を加工せずに使う。風雨や川の流れで変形した石の風情をそのまま楽しむ。

築山
人工的な山。庭の起伏に変化をつける目的と、築山からのながめが目的の場合とがある。

借景

▲まわりにある山々など自然の風景を、庭園の一つの要素としてとりこむ庭造りの技法。風景に奥行きをもたらす。写真は、背後にせまる紫雲山を借景にした、香川県高松市の栗林公園。

陶芸家の作品も日用品もある焼きもの

陶芸 Togei

『ハルカの陶』

ディスク・ふらい／作
西崎泰正／画
芳文社
芳文社コミックス
全3巻
©ディスク・ふらい・西崎泰正／芳文社

ある日、備前焼の赤牡丹大皿を見て感銘を受けた小山はるか。彼女はすぐに岡山県の備前市へ向かい、大皿の作者に弟子入りをたのみこむ。

ここから"ハルカ流菊練り"を完成させる！

1巻より ©ディスク・ふらい・西崎泰正／芳文社

ココが名場面

備前焼作家、若竹修のもとで陶芸修業をするはるかは、秋のイベント「備前焼まつり」で、ろくろまわしの実演をすることになります。

以前、まったくコツがつかめず、失敗してしまったはるかでしたが、名人伊佐木に土の中心をとらえてもらったことでうまくいき、土と一体になっていることを実感するのでした。

手の中で土が暴れない
これが中心ってこと!?

今私土と一体になってる

2巻より ©ディスク・ふらい・西崎泰正／芳文社

陶芸なんでもデータ

これ、なんの数字？ 1万6500年前

日本で発見された最古の焼きものがつくられたとされる時期。日本最古の焼きものは、青森県で発掘された土器のかけらです。

ニッポン文化再発見！ 陶芸ってなに？

土から器などをつくり出す技術

陶芸とは、粘土を手や道具で形にし、それを高温で焼いて陶磁器をつくる技術のことです。食事のときに使う皿や茶碗、花びん、置き物などが陶磁器で、焼きものともいわれます。

陶磁器は、原料となる粘土や、焼くときの温度のちがいによって、土器、陶器、磁器に大きく分けられます。土器と陶器は主な原料が土で、厚みがあります。陶器は表面にうわぐすりをかけます。磁器は細かくくだいた石が原料で、うすい器ができるなど、見た目もちがいます。

陶磁器は原料の粘土によってでき上がりも変わります。このため陶芸は質のよい原料がとれる地域で発達しました。各地でそれぞれの特徴をもった陶磁器がうみ出されています。

1万年以上の歴史をもつ

焼きものは、日本で1万年以上も前からつくられてきました。5世紀にはろくろをまわす技術やかまで焼く技術が、朝鮮半島から日本に伝わってきました。

奈良時代には、器に色をつける技術がくわわり、陶器は少しずつ現在の形に近づいていきます。江戸時代の初めには、有田（佐賀県）で磁器の原料になる石が見つかり、磁器もつくられるようになりました。色彩豊かな作品が数多く生まれ、江戸時代後半から磁器も全国へと広がりました。明治時代になると、外国から色づけや焼き方の最新技術が入ってきました。現在は成形や焼く工程も機械化され、一定の品質のものを大量生産できるようになりました。

必須アイテム

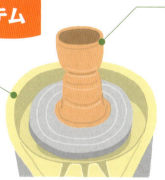

粘土
陶磁器をつくる材料。つぶが細かく、ねばりのある土に水をくわえて練ってつくる。

ろくろ
粘土を陶器の形にするために使用する回転台。

かま
陶磁器を焼くため内部を高温にする装置。イラストは登りがま。

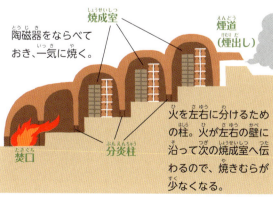

焼成室　陶磁器をならべておき、一気に焼く。
煙道（煙出し）
分炎柱　火を左右に分けるための柱。火が左右の壁に沿って次の焼成室へ伝わるので、焼きむらが少なくなる。
焚口

焼きものの種類

◀ **土器**
粘土を原料として700～800℃で焼いたもの。そぼくな土の風合いがある。

◀ **陶器**
吸水性のある粘土質の土にうわぐすりをかけて、1200℃前後で焼いたもの。厚みがある。

◀ **磁器**
陶石という石を粉にしたものを主な原料とし、1200℃前後で焼いたもの。白くてうすい。

もっと知りたい！陶芸 Togei

日本の陶磁器に地名がつけられているのは、その土地でとれた土でつくられ、共通する特徴をもっているからです。古くから陶芸がさかんな地域では、今も多くの陶芸家たちが作品づくりをしています。

日本各地で陶芸家たちが活やく

日本で初めてつくられた磁器、佐賀県の有田焼は、うすくて白い地に、はなやかな絵つけが特徴です。また、岡山県の備前焼は、うわぐすりをかけず模様もない、そぼくな土の風合いを特徴としています。このように、それぞれの土地でとれる土のちがいなどによって持ち味がちがい、その独特の伝統技術は守り伝えられてきました。

そして現代も、日本の各地に、その伝統を受け継ぐ陶芸家がいます。作業が機械化されて、大量生産が可能になってからも、陶芸家たちは、昔から続いている技術に新しい発想をくわえ、現代ならではの作品をつくり続けています。

また最近では趣味として陶芸を楽しむ人たちも増えてきました。陶芸を教える教室も多くあります。

萩焼の湯のみ〈山口県〉
独特のびわ色や白色が特徴。水分がしみこみやすいので、長い年月で少しずつ表面の色が変化していく。

九谷焼のカップ〈石川県〉
「五彩」（赤、黄、緑、紫、紺青の5つの色）を使ったあざやかな絵柄が特徴。

信楽焼のたぬき〈滋賀県〉
焼いたときについた灰によってできた、味わいのある模様が特徴。たぬきの置き物は信楽焼を代表する工芸品になっている。

▲いろいろな地域の陶芸の特色。

くらしのなかの陶磁器

陶磁器は食器や工芸品として親しまれることが多いですが、私たちのくらしのなかの身近な製品にも、陶磁器が使われています。

トイレ
日本では明治時代から便器には陶器が使われている。じょうぶでよごれがつきにくく、加工がしやすい。

植木鉢
うわぐすりをかけずに素焼きにする。通気性や吸水性がよく、植物を育てるのに適している。

瓦
陶器製の瓦は、長い年月を経ても劣化しにくい。日本の家屋などにも多く使われている。

愛知県常滑市

常滑焼

平安時代末期から、千年以上の歴史をもつ常滑焼。愛知県常滑市は今も焼きものの町として知られています。鉄分を多くふくむ土を使った朱泥とよばれる赤茶色の急須が有名です。また陶器の招き猫の生産量日本一でもあり、町には招き猫の作品がならぶ「とこなめ招き猫通り」があります。

世界から見てみよう

日本各地で陶芸が発展していったように、世界でもさまざまな陶芸が生まれています。それぞれの時代に特色ある技術を育みながら、今もなおその国の人々に愛され続けている、世界の代表的な陶磁器を紹介します。

景徳鎮(中国)

千年をこえる歴史をもつ、中国を代表する陶磁器。透き通るような白地に青色の絵柄が特徴で、ヨーロッパの白磁器の原点ともいわれている。

ペルシア陶器(イスラム文化圏)

ペルシア、シリアなどイスラム文化圏で9世紀ごろからつくられている。色彩のあざやかさと、複雑で変化にとんだ文様が特徴。

グジェリ(ロシア)

白地に藍色の模様がほどこされた、ロシアで17世紀から続く陶磁器。モスクワ近郊にあるグジェリ村で器や置き物などがつくられている。

ヨーロッパで評価された有田焼

日本の陶磁器のなかでも、世界で高く評価されているのが有田焼です。17世紀後半から18世紀初めにかけて、ヨーロッパの国々に大量に運ばれました。特にヨーロッパの貴族たちは有田焼の美しさに心をうばわれ、競うようにして手に入れたといわれています。

強さも陶磁器の価値の一つ

▲割れない湯のみにおどろくはるかに、備前焼の巨匠である榊陶人がその理由を語る。(1巻より)

©ディスク・ふらい・西崎泰正／芳文社

高温のかまで2週間も焼いてつくられる備前焼は、めったなことでは割れません。もともと陶磁器はくらしのなかで使われるもの。じょうぶであることも一つの大切な価値なのです。

骨董品としての陶芸

古い陶芸作品には、高値がつくことがあります。それは骨董品とよばれ、つくられた時代や作者などから、価値を見きわめる鑑定士もいます。

こっちは！骨董マンガ！

『雨柳堂夢咄』

骨董屋「雨柳堂」へ集まるのは、さまざまな「心」をもった品々。「雨柳堂」主人の孫、蓮は、それらの「心」を感じとることができる。

波津彬子／作　朝日新聞出版　朝日コミック文庫　1〜9巻(既刊)

©波津彬子／朝日新聞出版

戦いの道具から、すぐれた伝統芸術品へ

日本刀
Nihonto

『カナヤゴ』

日笠優／作
徳間書店
ゼノンコミックス
全2巻
©日笠優／NSP 2012

女子高生かなみは、美しい日本刀と出会ったことをきっかけに、刀に夢中になる。かなみは清音親方に入門し、日々力強く成長していく。

2巻より

ココが名場面

　刀コンクールを2か月後にひかえて、鍛冶場で鍛錬を重ねます。ようやく息も合ってきた、かなみたち3人の迫力のある鍛錬の場面です。
　刀鍛冶は、刀を鍛錬するときに、息を合わせて鉄を打ち、折りたたみ、また打たなければなりません。息が合わなければ、強くて美しい刀はつくれないのです。

2巻より

日本刀なんでもデータ

これ、なんの数字？　3万3000枚

日本刀の鉄の層の枚数。
鉄を折ってのばすのくり返しが強い刀をうみ出します。

ニッポン文化再発見！ 日本刀ってなに？

多くの職人の技術によって完成

かつて日本刀は、戦場で折れないがんじょうさと切れ味を求められる武士の武器でした。

日本刀の外側になる皮鉄は、玉鋼とよばれる鉄を1300℃まで熱して、大鎚で打ちたたいてのばし、折り返してはまたたいてのばす「鍛錬」という作業でつくられます。その皮鉄で、中心になるやわらかい心鉄をつつみ、一体にすることで、刀身ができあがります。次に、研師が刃を研ぎ、それぞれ専門の職人の手によってつか、つばなどが取りつけられると、日本刀の完成です。

日本刀は刃が切り口と反対側に反り、先が細くなっているのも特徴です。これは馬上などでもあつかいやすいよう工夫されたものです。

武器から装飾品へと変わる

刀や剣は縄文時代からあったと考えられていますが、平安時代に、現在のような反りのある刀（湾刀）が登場し、戦う道具としての実用性が高まりました。

武士の時代である鎌倉時代には、名刀といわれるすぐれた刀が数多くつくられました。平和な江戸時代になると、刀は役割を大きく変え、見た目のはなやかさを競うものになりました。明治時代からは、許可なく刀を持つことは禁じられています。

近年になって、日本刀の独特の技術があらためて見直されるようになりました。今では、日本の文化財として、芸術品として、海外からも高く評価されています。

必須アイテム

玉鋼
砂鉄を原料にして日本古来の方法でつくられる鉄のかたまり。刀の材料となる。

大鎚・小鎚
高温の鉄をのばすときに使われる道具。大鎚で力を入れて打ってのばし、小鎚は厚さや形をととのえる。

砥石
研師が刀をみがくための道具。切れ味がよくなり、輝きも出る。

名刀に見る部位のよび名

▶**大和国天国御太刀（小烏丸）刀身および拵**
大和国天国は日本の刀鍛冶の始祖ともいわれている。
①刀身：この刀身は両刃で中央から根元に向けて反っている。刀身は、つねに拵（写真下）の「さや」におさめて使われる。
②さや：刀身をおさめるための筒状の入れ物。
③つか：手でにぎって持つ部分。
④つば：つかをにぎる手を保護するための装具。

刀身、拵ともに宮内庁蔵

ここがスゴイよ！ニッポンの文化大図鑑 総さくいん
【文化名・五十音順】

総70項目 総100作品

- 1巻 芸をみがく・演じる
- 2巻 競う・きたえる
- 3巻 学ぶ・たしなむ
- 4巻 遊ぶ・楽しむ
- 5巻 食べる・くらす

※メインで紹介している作品は太字にしています。

あ

文化名	作品	巻	ページ
アイドル	『Cue』	1巻	42
	『少年ハリウッド-HOLLY TRIP FOR YOU-』	1巻	45
アニメ	『アニメタ！』	4巻	22
	『ハックス！』	4巻	25
囲碁	『天地明察』	2巻	40
浮世絵	『百日紅』	4巻	14
	『大江戸国芳よしづくし』	4巻	17
おりがみ	『ヤマありタニおり』	4巻	44
温泉	『テルマエ・ロマエ』	4巻	38

か

文化名	作品	巻	ページ
雅楽	『王の庭』	1巻	28
歌劇学校	『淡島百景』	1巻	41
華道	『ギャル華道』	3巻	14
歌舞伎	『ぴんとこな』	1巻	06
	『國崎出雲の事情』	1巻	09
空手	『ハンザスカイ』	2巻	18
	『てのひらの熱を』	2巻	21
弓道	『ひらひらひゅ～ん』	2巻	22
	『花に染む』	2巻	25
競技かるた	『ちはやふる』	2巻	42
	『むすめふさほせ』	2巻	45
狂言	『しなやかに傷ついて』	1巻	14
芸妓・舞妓	『紅匂ふ』	1巻	32
	『GEI-SYA -お座敷で逢えたら-』	1巻	35
源氏物語	『あさきゆめみし』	3巻	24
現代短歌	『ショートソング』	3巻	23
剣道	『しっぷうどとう』	2巻	14
	『武士道シックスティーン』	2巻	17
コスプレ	『コンプレックス・エイジ』	4巻	26
骨董	『雨柳堂夢咄』	5巻	43
箏	『この音とまれ！』	1巻	19

さ

文化名	作品	巻	ページ
茶道	『ケッコーなお手前です。』	3巻	06
	『へうげもの』	3巻	09
侍・武士	『バガボンド』	2巻	30
参勤交代	『つらつらわらじ』	2巻	33
寺院	『住職系女子』	3巻	42
獅子舞	『ししまいガール』	1巻	36
三味線	『ましろのおと』	1巻	20
	『なずなのねいろ』	1巻	23
柔道	『帯をギュッとね！』	2巻	10
	『ＪＪＭ 女子柔道部物語』	2巻	13
将棋	『ナイトぼっち』	2巻	36
	『月下の棋士』	2巻	39
少林寺拳法	『オッス！ 少林寺』	2巻	26
書道	『とめはねっ！ 鈴里高校書道部』	3巻	10
	『ばらかもん』	3巻	13
神社	『神主さんの日常』	3巻	36
数寄屋造	『数寄です！』	5巻	35

分野	作品	巻	ページ
寿司	『将太の寿司2 World Stage』	5巻	10
	『江戸前鮨職人きららの仕事』	5巻	13
相撲	『ああ播磨灘』	2巻	06
	『火ノ丸相撲』	2巻	09
銭湯	『のの湯』	4巻	41
川柳	『川柳少女』	3巻	29
僧侶	『坊主DAYS』	3巻	45
そば	『そばもん ニッポン蕎麦行脚』	5巻	18
	『そば屋 幻庵』	5巻	21

た

分野	作品	巻	ページ
宝塚	『すみれの花咲くガールズ』	1巻	38
陶芸	『ハルカの陶』	5巻	40

な

分野	作品	巻	ページ
なぎなた	『あさひなぐ』	2巻	28
日本家屋	『さんかく屋根街アパート』	5巻	36
日本酒	『蔵人』	5巻	26
日本神話	『ヤマトタケル』	3巻	34
日本茶	『茶柱倶楽部』	5巻	22
	『茶の涙 -Larmes de thé-』	5巻	25
日本庭園	『君の庭。』	5巻	38
日本刀	『カナヤゴ』	5巻	44
人形浄瑠璃	『火色の文楽』	1巻	30
忍者	『闇月夜行』	2巻	34
能	『夢幻花伝』	1巻	10
	『能面女子の花子さん』	1巻	13

は

分野	作品	巻	ページ
俳句	『あかぼし俳句帖』	3巻	26
花火	『玉屋一代 花火心中』	4巻	28
	『刹那グラフィティ』	4巻	31
仏師	『恋する仏像』	3巻	40

分野	作品	巻	ページ
盆栽	『雨天の盆栽』	4巻	42

ま

分野	作品	巻	ページ
祭り	『ナツメキッ!!』	4巻	32
	『月影ベイベ』	4巻	35
マンガ	『アオイホノオ』	4巻	18
	『バクマン。』	4巻	21
漫才	『The MANZAI COMICS』	4巻	10
	『芸人交換日記』	4巻	13
巫女	『かみさま日和』	3巻	39
宮大工	『かみのすまうところ。』	5巻	32

や

分野	作品	巻	ページ
妖怪	『不機嫌なモノノケ庵』	4巻	36

ら

分野	作品	巻	ページ
ラーメン	『らーめん才遊記』	5巻	14
	『ラーメン食いてぇ！』	5巻	17
落語	『昭和元禄落語心中』	4巻	06
	『兄さんと僕』	4巻	09

わ

分野	作品	巻	ページ
和歌	『超訳百人一首 うた恋い。』	3巻	20
和菓子	『あんどーなつ 江戸和菓子職人物語』	5巻	28
	『わさんぼん』	5巻	31
和楽器	『なでしこドレミソラ』	1巻	24
	『ごにんばやし』	1巻	27
和算	『和算に恋した少女』	3巻	30
	『算法少女』	3巻	33
和食	『蒼太の包丁』	5巻	06
	『じゅんさいもん』	5巻	09
和太鼓	『和太鼓†ガールズ』	1巻	16
和服	『きものがたり』	3巻	16
	『とらわれごっこ』	3巻	19

表紙書影

『ケッコーなお手前です。』みよしふるまち／マッグガーデン
『雨天の盆栽』つるかめ／マッグガーデン
『ちはやふる』末次由紀／講談社
『昭和元禄落語心中』雲田はるこ／講談社
『らーめん才遊記』久部緑郎／河合単／小学館
『ぴんとこな』嶋木あこ／小学館
『あさひなぐ』こざき亜衣／小学館
『バガボンド』I. T. Planning, Inc.

※本書の情報は、2017年12月現在のものです。

スタッフ

イラスト	森のくじら
文	桑名妙子
装丁・本文デザイン	オフィス アイ・ディ（辛嶋陽子、土本のぞみ）
DTP	スタジオポルト
校正	村井みちよ
編集制作	株式会社童夢
企画担当	日本図書センター／福田恵

NDC380
名作マンガ100でわかる!
ここがスゴイよ! ニッポンの文化大図鑑
⑤食べる・くらす
日本図書センター
2018年　48P　26.0cm×21.0cm

名作マンガ100でわかる!
ここがスゴイよ! ニッポンの文化大図鑑
❺巻 食べる・くらす

2018年1月25日　初版第1刷発行

編集／ニッポンの文化大図鑑編集委員会
発行者／髙野総太
発行所／株式会社 日本図書センター
　　　　〒112-0012　東京都文京区大塚3-8-2
　　　　電話　営業部03(3947)9387　出版部03(3945)6448
　　　　http://www.nihontosho.co.jp
印刷・製本／図書印刷 株式会社

2018 Printed in Japan
乱丁・落丁本はお取り替えいたします。

ISBN978-4-284-20413-2（第5巻）